Contraste insuffisant
NF Z 43-120-14

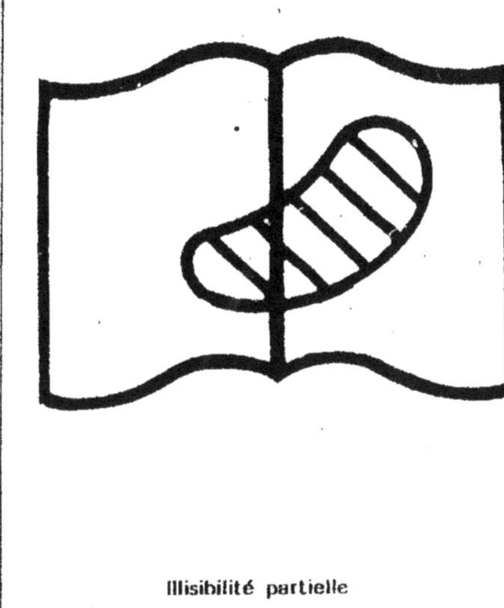

Illisibilité partielle

Valable pour tout ou partie
du document reproduit

Sauvage.

Hommage de l'auteur

H. Sauvage

VII.

MARIE LEBESNERAIS

Quelques lignes seulement ont été
consacrées à Mlle Lebesnerais, par
Boisard, dans ses *Notices biographi-*
ques, littéraires et critiques, sur les
personnages distingués du Calvados :
c'est dire qu'elle est fort peu connue.

L'article qui la concerne est ainsi
conçu :

« Lebesnerais (Marie), née à Vire
« dans la première moitié du XVIIIe
« siècle ; célèbre maîtresse de pension
« à Saint-Hilaire-du-Harcouët, pendant
« plus de cinquante ans. Elle a laissé
« des *cantiques nouveaux* sur les plus
« beaux traits de l'Ecriture ; *une his-*
« *toire sainte*, dédiée à Célestin Enoch,

« évêque de **Rennes**, et des *principes*
« *généraux de la grammaire française.*
« Morte vers 1824. »

Cependant cette femme auteur mérite
un peu plus d'attention, et comme sa
vie renferme quelques traits particu-
liers d'originalité, nous allons essayer
de la retracer.

Mlle Marie Lebesnerais naquit à Vire
le 7 avril 1742, de Gilles-Joseph Lebesnerais et de Marie Hubin. Sa famille,
qui s'était adonnée au commerce, avait
conquis une certaine aisance, que des
pertes considérables avaient réduite.
Mlle Lebesnerais n'hésita pas à faire
usage de l'instruction qu'elle avait
reçue et à se faire institutrice et maîtresse de pension.

Ce fut à Saint-Hilaire-du-Harcouët
qu'elle s'établit. Elle y était attirée par
son oncle, né également à Vire, et qui
était alors curé de cette petite ville.
Depuis vingt années déjà elle professait ainsi, lorsque survint la révolu-
tion.

Indépendante par caractère, aussi
bien qu'elle l'était dans son enseignement, elle se vit inquiétée pendant la
période la plus odieuse de cette déplo-
rable époque, et bientôt elle fut enfer-

mée en prison, à Mortain, durant les jours de la Terreur. Quelques paroles sans doute avaient suffi pour attirer sur elle l'attention des hommes ardents et passionnés de ces temps : ils ne lui eussent probablement pas permis, dans ses cours d'histoire par exemple, de faire l'éloge de quelques souverains, empereurs ou rois, qui comme Charlemagne ou St-Louis, ont fait et feront toujours la gloire de la France. Dans quelques mots de panégyriques de tels héros, qui pouvaient leur faire croire à un blame de leurs coryphées, de leurs Marat ou de leurs Robespierre, ils voulaient voir des allusions politiques.

Enfin Mlle Lebesnerais avait contre elle son titre de nièce de l'un de leurs anciens pasteurs. Il n'en fallait pas davantage pour mettre en suspicion une femme modeste, pénétrée de ses devoirs et dévouée à son enseignement professionnel, qui ne pensait nullement à s'écarter de sa ligne et qui ne songeait qu'à faire des élèves instruites et dignes de tous les respects.

Elle fut donc incarcérée et elle resta longtemps dans les cachots. Voici du reste, dans quelle circonstance ce malheur lui arriva. Nous voulons entrer dans ces détails qui nous ont été donnés de source certaine et qu'il est bon de rappeler pour faire voir combien à certains instants les populations inconscientes sont oublieuses de leur dignité.

C'était le jour où à Saint-Hilaire-du-Harcouët on célébrait l'une des fêtes reconnues nouvellement par l'Etat, soit celle de la Déesse - Raison, soit celle des Laboureurs, de la Jeunesse ou des Vieillards.

Le lieu choisi était la place actuelle du Calvaire, et la foule s'y livrait à des danses bruyantes et à des feux de joie, vis à vis le nouveau collége de la ville. Les flammes ardentes des bûchers consumaient les tableaux et les statues mutilées de l'église que l'on avait jetés pêle-mêle, après avoir traîné les saintes images jusqu'à cet endroit dans la poussière des rues et avoir attaché les statues à des cordes fixées à leurs pieds. Pour avoir, dans quelques paroles sévères, blâmé de pareils actes de folie, pour avoir défendu sa conscience et sa liberté de penser et répété que le plus simple eut été de laisser statues et tableaux dans les greniers ; la courageuse institutrice se vit amener sur la place publique et monter à rebours sur un âne, elle et deux très-respectables demoiselles Lavigne, filles d'un charpentier (1). Puis toutes les trois furent ainsi promenées par toutes les rues de la ville, au milieu des risées

(1) L'une d'elles est devenue la mère du vénérable abbé Bidault, mort curé de Ger il y a trois ans.

de la populace qui ne leur ménagea ni les propos poissards ni les quolibets.

Lorsqu'elle fut enfin rendue à la liberté, Mlle Lebesnerais, afin d'éviter de nouvelles persécutions, n'osa pas revenir à St-Hilaire et elle ouvrit une nouvelle maison d'école à Ferrières, où elle s'était réfugiée auprès de la famille Almin, si vénérée, si bienfaisante et dont la généreuse intervention sut lui procurer des consolations. Après plusieurs années passées à Ferrières, elle rentra à St-Hilaire, où elle se fixa définitivement et pour toujours.

C'est là que s'écoula presque toute entière sa longue et laborieuse existence, qui comprend cinquante-cinq années consacrées à l'enseignement et à l'instruction de trois générations successives. Nous connaissons encore beaucoup de ses dernières élèves. Plusieurs sont des femmes fort distinguées et par elles nous pouvons juger de ce qu'était celle qui a veillé à leur éducation ; aussi nous tenons à dire que certainement leur institutrice ne le cédait en rien aux meilleures de notre époque actuelle. Ce nous est un motif de développer ici sa méthode.

Par dessus tout, Mlle Lebesnerais était une femme pratique dans toute l'acception du mot, c'est-à-dire que son but était de façonner ses élèves à toutes les situations possibles de la vie. Elevée elle-même à l'école du malheur,

elle savait que les fortunes les mieux
établies peuvent crouler et elle désirait
que chacune de ses élèves pût apprendre à l'occasion à se suffire à ses propres besoins. Ainsi, au lieu de les occuper à mille travaux manuels qui ne
sont que des superfluités et qui ne sa-
vent créer que des objets de nulle uti-
lité, elle voulait que comme elle et avec
elle, elles fissent elles-mêmes tous les
ajustements de leur propre toilette. Elle
prêchait d'exemple, et faisait sous leurs
yeux ses bas, ses bonnets, ses colleret-
tes, ses châles, ses jupons et toutes les
parties diverses de ses costumes ; elle
racommodait et blanchissait le tout
elle-même ; enfin, aux heures consacrées aux travaux de ce genre, chacune
devait avoir entre ses mains quelques
pièces d'une véritable nécessité. Au
besoin, et tour à tour, chacune d'elles
était initiée aux secrets de la cuisine et
l'aidait à préparer ses menus qui n'é-
taient certes pas ceux de Brillat-Sava-
rin ou du baron Brisse, mais qui suffi-
saient pour façonner d'excellentes maîtresses de maison et des jeunes filles
propres à seconder leurs mères, quand
étaient venues les vacances ou leur re-
tour définitif dans leurs familles.

Le vice actuel de l'éducation de nos
femmes et de nos filles est sans nul
doute dans la perfection de l'enseignement donné à St-Denis. Les cahiers de
cette docte et illustre maison ont été

vite adoptés dans tous les pensionnats. L'ambition suprême des maîtresses a été de trouver des aides qui leur permissent une sorte de concurrence établie jusque dans les plus modestes bourgades de la France. Nous ne discuterons pas le mérite de cet enseignement : il est incontestable. Seulement nous constaterons qu'il en est résulté un véritable malheur général, car nous ne voudrions pas dire davantage, celui de donner à toutes les Françaises les appétits d'une fortune de cinquante mille francs de rentes. Telle femme du plus modeste fonctionnaire ou du commerçant le plus laborieux, s'est trouvée ainsi élevée dans les mêmes principes que des filles de sénateurs et de lieutenants généraux, qui s'est demandé si elle n'était pas tout aussi digne d'occuper un rang supérieur. Telle avait acquis les talents les plus brillants et s'était bercée des illusions les plus séduisantes, qui s'est trouvée humiliée d'abandonner les régions où elle avait vécu jusque-là pour l'existence vulgaire, journalière, d'un intérieur simple et humble. Telle enfin s'était promis de ne jamais quitter une grande ville ou d'avoir une existence de châtelaine, qui a dû accepter une petite bourgade et un gîte souvent presque solitaire. Il en est résulté de nombreux, de bien nombreux déclassements dûs uniquement à ces édu-

cations qui ont le défaut d'éloigner les
sujets du centre naturel qui leur est
destiné et de leur donner des principes
qui, excellents en soi, ne recevront
jamais d'application ou qui n'auront
de prix que pour un petit nombre seulement. En un mot, il semble qu'en
France on ait voulu former uniquement des femmes pour le grand monde
et pour la haute société. En Angleterre
et en Allemagne au contraire, l'ambition des maitresses est de faire des
mères de famille ou des femmes de
ménage.

Ce ne sont là que des lieux com-
muns, que des choses reconnues par
tous aujourd'hui. Mais il nous était
permis de les rappeler à propos d'une
institutrice qui vécut à l'époque où fut
fondée la maison impériale de Saint-
Denis. Sans en adopter les idées nouvelles et tout en se maintenant à un
niveau très-élevé, Mlle Lebesnerais
continua toujours à mettre son expé-
rience à profit. Son but était d'instruire
et d'instruire sérieusement. Elle réus-
sissait si bien, qu'un seul exemple nous
suffira pour démontrer la supériorité
de ses leçons : un jour, vers 1813, l'une
de ses élèves qui venait de la quitter,
pour aller, à Caen, se perfectionner
aux usages de la société, dans un pen-
sionnat placé sous la direction de l'abbé
Jamet, le pieux fondateur de l'établis-
sement des sourds-muets et des aliénés

de cette ville, lui écrivit pour lui faire part de ses premières impressions à sa sortie de St-Hilaire. Elle lui disait qu'elle venait de prendre part à sa première composition de grammaire, et que M. l'abbé Jamet était venu donner les places après avoir lui-même corrigé les devoirs. Il avait prodigué les plus grands éloges à l'élève de Mlle Lebesnerais, et quoiqu'elle ne fut âgée que de 13 ans, il l'avait classée immédiatement *première*, dans la plus savante division, avec des jeunes personnes de 17 et de 18 ans. Souvent elle fut appelée à corriger plus tard les compositions de ses compagnes et à proposer les places, et cette élève se maintint presque toujours au premier rang. Ce n'est pas la seule élève de cette force que nous pourrions citer ; Mlle Lebesnerais en a dirigé vingt autres du même genre à leurs débuts.

Le secret de la maîtresse de pension était tout simplement dans son propre mérite, dans son savoir et dans son talent, ou plutôt dans le don qu'elle avait reçu de la nature pour persuader les autres, pour faire apprendre à ces jeunes intelligences, enfin, pour les pénétrer de ce qu'elle savait elle-même. Assurément si elle se fut trouvée dans un milieu plus élevé, elle eut pu se garer et se préserver sans doute de quelques originalités et de quelques excentricités de caractère et d'esprit

que ne purent pas lui éviter ses grandes
qualités, dont elle n'eut que les défauts.
Mais il convient de le dire à sa louange,
Mlle Lebesnerais professait avec un
vrai talent et avec la chaleur d'une
conviction acquise : elle savait par
dessus tout intéresser. Elle était auteur
et elle connaissait parfaitement ce qu'elle
avait appris Sa grammaire, sa géographie, son histoire, tout son enseignement lui étaient personnels et elle dé-
veloppait avec art et simplicité tout à
la fois, ce qu'elle avait fait imprimer
dans ses livres. Plusieurs fois la se-
maine, elle donnait encore une leçon de
catéchisme à ses chères enfants, et loin
de se contenter de faire réciter, comme
cela se fait dans la plupart des écoles
quelques pages de ce petit livre si fa-
cile, si simple en apparence et en réa-
lité si complexe, elle en prenait le motif
de dissertations pleines d'aperçus pro-
fonds, savants, ingénieux. Du reste,
aucune branche de l'enseignement ne
lui était étrangère. A ce propos, qu'on
nous permette une anecdote : elle ne
sera pas longue. Un jour entre autres
M. l'abbé Navet, curé de Saint-Hilaire-
du-Harcouët, lui fit la surprise d'une
visite pendant l'une de ses classes.
Elle voulait interrompre et suspen-
la leçon ; le visiteur la supplia de
n'en rien faire, en lui demandant
quel était le sujet commencé. Made-
moiselle Lebesnerais faisait en ce mo-

ment un petit cours d'horticulture, car l'on était au printemps. Alors la maitresse crut devoir par déférence, tout en continuant, adresser la parole au vénéré pasteur qui lui faisait l'insigne honneur de la visiter dans son humble école, et reprenant la leçon au point où elle avait été interrompue, elle dit : « *Monsieur l'abbé Navct.....* *le plus beau des légumes...*» Mais les petites espiègles qui l'entouraient, voyant dans ses paroles un véritable jeu de mots, partirent d'un franc éclat de rire général et il fallut renoncer à la leçon, parce que les jeunes et malicieuses élèves n'eussent pas retrouvé le calme nécessaire pour savoir écouter.

Du reste, Mlle Lebesnerais avait un grand caractère d'originalité. Pénétrée d'elle-même, elle ne suivait les données d'aucun autre. A cette époque l'instruction des jeunes personnes n'était pas réglementée sur un patron unique comme elle l'est aujourd'hui. Mlle Lebesnerais avait sa méthode à elle seule et elle ne s'en départissait pas. Ainsi ses élèves — et elles étaient nombreuses tant en pensionnaires qu'externes — devaient étudier tout haut et toutes à la fois, comme des oiseaux dans une volière. C'était un moyen pour qu'aucune d'elle ne restât inoccupée.

Pour elle, elle était assise dans un grand fauteuil, hissé sur un immense coffre ayant servi autrefois de pétrin à

boulanger le pain. A sa main, elle
tenait une longue gaule, avec laquelle
elle pouvait atteindre même l'élève la
plus éloignée et elle surveillait constamment avec une vigilance immense.
Adossée à la muraille, elle avait inva-
riablement le même costume chaque
jour de l'année, et ceux qui l'ont connue se rappellent sa très-petite personne avec sa belle chevelure blanche et
épaisse, coiffée d'un large bonnet à
longs tuyaux, soutenu par un énorme
carton et enserré par un large ruban
jaune foncé ou plutôt feuille morte ou
marron et teint de ses propres mains.
Un petit châle de couleur foncée couvrait
ses épaules. Les dentelles dont elle faisait
usage étaient faites par elle au crochet,
aussi bien que ses manchettes-mitai-
nes, qui recouvraient ses bras toujours
nus jusqu'aux coudes. Quant à ses
vêtements, ils étaient constamment
d'une nuance sombre et ses chaussu-
res étaient montées sur des talons très-
élevés, afin de la grandir. Dans tout
cet ensemble, il y avait cependant un
grand air de dignité et même de dis-
tinction.

Pieuse et charitable, elle ne recher-
chait guère les sociétés. Elle craignait
surtout les déceptions des relations
peu utiles et qui n'étaient pas indis-
pensables. Aussi prétendait-on qu'elle
fuyait les hommes. Cependant si elle
voulut observer le célibat, c'est que

cela convenait à son caractère ; mais
elle n'eut jamais la pensée de le con-
seiller à personne et au contraire elle
était pleine de bons et utiles enseigne-
ments pour celles de ses chères élèves
qui venaient lui faire part d'un mariage
projeté ou de liaisons décidées depuis
longtemps par les grands parents. Sur
ce point, elle savait également aussi bien
tracer leurs devoirs aux futurs qu'à
leurs jeunes promises lorsque celles-ci
les lui présentaient.

Mais sous cet ensemble complet de
savoir, se cachait un grand fonds de
simplicité, de confiance et de bonho-
mie ; car ainsi que nous l'avons dit
déjà, elle avait les défauts de ses qualités. Aussi parfois quelques mauvais
plaisants en abusèrent pour lui jouer
quelques tours qui pouvaient être char-
mants au commencement de ce siècle
et qui aujourd'hui seraient considérés
comme de fort mauvais goût. On appe-
lait alors cela *jouer des farces.* Un soir,
dans les premières années de la res-
tauration, quelques-uns des frères de
ses élèves, des jeunes gens d'une ving-
taine d'années, s'avisèrent de lui faire
apparaître le diable en personne. Leur
désir était surtout de voir quelle mine
elle pourrait faire, puis d'en rire en-
suite. Ils imaginèrent donc, pendant
qu'elle faisait sa classe, de s'introduire
dans son jardin et de placer au milieu
d'un buisson d'arbustes et de rosiers

un hideux mannequin couvert d'ori-
paux et qui devait simuler le démon
avec des pieds fourchus, des cornes et
une langue en drap rouge. A un mo-
ment donné, et à l'instant où elle sor-
tait de sa maison un rideau attaché
par une ficelle dût tomber et laisser
voir l'affreuse figure.

La bonne demoiselle prit la chose au
sérieux. Loin de voir une plaisanterie
dans ce fait, elle fit appel à son grand cou-
rage et s'avançant sans effroi, avec ré-
solution vers le mannequin, elle essaya
de le conjurer solennellement en invo-
quant Dieu et prononçant en latin les
paroles sacramentelles *vade retro Sata-
na, vade !*

Les plaisants auteurs parmi lesquels
se trouvait un jeune homme qui, plus
tard a été Juge de paix pendant envi-
ron trente ans, se tenaient aux écoutes.
Ils l'entourèrent aussitôt et elle n'eut
rien de plus pressé que de rentrer chez
elle. Mais l'anecdote fut répétée par-
tout dans la petite ville qui s'amusa
beaucoup de la mystification de Mlle
Lebesnerais dans cette circonstance où
elle ne sut pas mettre les rieurs de son
côté.

Ses classes et ses dévotions absor-
baient tout son temps jusqu'à une
heure assez avancée de la soirée. Ce
n'est donc que pendant ses repas que
Mlle Lebesnerais se livrait à la composition de ses ouvrages. Ils sont cepen-

dant nombreux et ils dénotent de très-
sérieuses études. Ce sont :

1° Abrégé de l'ancien testament avec
de courtes réflexions à la fin de chaque
article. Par Marie Lebesnerais, maitresse de pension à Saint-Hilaire-du-
Harcouët. — Fougères, Vannier, imprimeur, 1807 ; 1 vol. in-12, relié en
veau.

Cet ouvrage fut dédié par l'auteur à Mgr Enoch, évêque de Rennes, dont le visa est du 3 avril
1807.

Il contient une traduction du texte
de l'ancien testament. Chacun des cha-
pitres est suivi de quelques réflexions
qui permettent de dire qu'elles ont eu
un modèle excellent dans la Bible de
Royaumont ou dans l'Imitation de
Jésus-Christ. Il nous a paru fort bien
fait.

2° Principes généraux de la Grammaire Française, avec des observa-
tions sur l'orthographe, les accents, la
ponctuation ; par demandes et par ré-
ponses. A St-Hilaire, chez Marie Lebesnerais, maîtresse de pension. —
Avranches, imprimerie de Lecourt,
1813 ; 1 vol. in-18, cartonné en parche-
min.

Dans cette grammaire Mlle Lebesnerais a donné à ses démonstrations
une forme toute latine. Laissant de
côté les classiques du même genre,

elle s'est pénétrée uniquement de la grammaire de Lhomond et a décliné les substantifs comme la fameuse rosa de nos premières études universitaires. C'est là surtout ce qui caractérise l'élément principal et nous dirions presque l'originalité de ce petit ouvrage. Il laisse voir du reste que les goûts littéraires de l'auteur lui inspiraient une grande vénération pour la rhétorique des peuples de l'antiquité, dont elle savait apprécier la simplicité, la clarté et la logique dans leur langue maternelle.

3° Cantiques nouveaux sur les plus beaux traits de l'Histoire Sainte. — A St-Hilaire, chez Marie Lebesnerais, maîtresse de pension. — Avranches, Lecourt, imprimeur, 1809 ; 1 vol. fort in-12, relié en veau.

Lorsque parurent ces cantiques, Mlle Lebesnerais commençait déjà à se faire vieille. Elle avait alors 67 ans et elle ne comprit pas que si la poésie, ou plutôt la passion de faire de la versification avait le privilége de bien graver les faits et les dates, dans les jeunes mémoires de ses enfants, c'était un moyen dont elle pouvait user dans le secret de ses classes et qu'il était imprudent à elle de livrer ses rimes et ses *rimailles* au grand jour. Cette publication lui fit en effet un tort considérable. Elle en fut amèrement punie et les mêmes jeunes gens, qui lui firent appa-

raître plus tard le démon, aujourd'hui
vieux barbons et vieux bonshommes, lui
causèrent cette fois encore une peine
infinie en placardant à sa porte une
grande pancarte sur laquelle ils avaient
parodié ces vers de Voltaire :

Prenez, lisez mes cantiques sacrés !

Sacrés ils sont, car personne n'y touche.

Avec le temps vous les vendrez.

Ils ne se vendirent pas en effet, et
Mlle Lebesnerais n'eut pas d'autre res-
source que d'en offrir les exemplaires à
ses élèves et à ses amies. Du reste, par
eux on peut se faire une idée des con-
naissances étendues et variées de la
maîtresse d'école, mais ils renferment
certainement de nombreux abus de
forme et de fonds dans le langage.
Outre qu'il est impossible de charger
la mémoire des cantiques dont les plus
courts ont 70 à 85 couplets et dont quelques uns en ont jusqu'à 106 et 108 et
même 135 ; ils sont parfois inintelligi-
bles par le fait de néologismes nombreux
qui affectent la forme latine, en rejetant
presque constamment le sujet à la fin
de chaque phrase. Ils sont aussi presque tous d'une composition par trop
primitive et par trop naïve.

Nous n'en voulons donner qu'un seul exemple pris absolument au hasard :

Cantique LXXXI, sur le jeune Tobie.

1. — Tobie avec un guide fut

Chercher l'argent de son beau-père ;

Ce jeune homme fit ce qu'il put

Pour revenir tôt à sa mère.

A Raphaël, ange de Dieu,

Tobie obéit en tout lieu.

2. — Le petit chien de la maison, etc., etc.

Il ne faudrait pas juger cependant toutes les compositions de Mlle Lebesnerais par la versification de ses cantiques. Ses meilleures œuvres sont restées inédites et elles renferment assurément de fort bonnes choses. Ce sont :

1° La géographie en vers ;

2° Les dictées littéraires et épistolaires, en vers et en prose ;

3° Ses énigmes, charades et logogriphes en vers ; on en retrouverait de nombreux exemplaires, conservés avec soin par les jeunes filles, devenues au-

jourd'hui grand-mères, dont elle avait
dirigé l'éducation avec amour. A défaut
de ces cahiers, celles-ci vous en récite-
raient encore des pages entières, surtout de sa géographie, qui était fort
bien faite. Bien plus, elles diraient l'é-
loge complet d'une maîtresse aimée,
dont la mémoire est restée gravée avec
vénération dans leurs souvenirs. Elles
parlent toujours avec les plus vifs sen-
timents d'une profonde gratitude de
celle qui a préparé pendant un demi-
siècle les jeunes populations de Saint-
Hilaire-du-Harcouët aux luttes inces-
santes de la vie.

Elle avait, dans ses dernières années,
pris le soin de former elle-même une
institutrice digne de lui succéder : c'é-
tait le dernier témoignage qu'elle voulait laisser de son affectueux dévoue-
ment pour Saint-Hilaire-du-Harcouët.
Cette jeune personne fut du reste pour
elle plus qu'une sœur, elle fut une
amie, et ce fut à elle que Mlle Lebesnerais osa demander le dernier service
qui lui fut rendu. Sentant qu'elle allait
mourir et ne doutant pas que ses élèves et ses amies viendraient, après sa
mort, la voir une dernière fois, elle lui
dit avec un véritable sentiment de pu-
deur, qu'il serait mieux et plus conve-
nable de la vêtir vivante que d'habiller
son cadavre. Elle demanda sa robe
blanche, s'aida du mieux qu'elle pût

dans sa toilette suprême et expira quelques instants après.

Mlle Marie Lebesnerais est morte à St-Hilaire-du-Harcouët le 22 novembre 1824, âgée de 82 ans et 7 mois.

Ses élèves ont tenu à faire placer sur sa tombe une belle croix qui doit encore subsister.

Nogent-le-Rotrou, le 26 juillet 1876.

H. SAUVAGE,

avocat.

Vire. — Imp. Rivet-Barbot.